ESTUDANDD A CRONOLOGIA

do período 70 aC a 70 dC

Capa: pintura de Gonzales Coques (1614–1684)

Décio Martins de Medeiros

São Paulo – Brasil – 2022

Informações bibliográficas:
Autor: Décio Martins de Medeiros.
Título: Estudando a cronologia.
Subtítulo: do período 70 aC a 70 dC.
Local, Ano: São Paulo-Brasil, 2022.
Páginas: 77 páginas tamanho 6”x9”.
Assuntos: 1.Cronologia.

Sumário

Introdução

1º de janeiro do ano zero do nosso calendário civil, chamado Gregoriano, foi o dia em que Cristo recebeu oficialmente o nome de Jesus.

Nosso calendário civil, criado pelo monge Dionísio, e que passou a ser usado em 1582 por aprovação do Papa Gregório, tem o inicio de sua contagem de tempo em 01 de janeiro do ano zero, que equivale, no calendário romano chamado Juliano vigente na época, a 03 de janeiro do ano menos 1 e equivale no calendário judaico a 08 de Shevat do ano 3760.

1º de janeiro do ano zero era o oitavo dia para as crianças nascidas em 25 de dezembro do ano anterior. No oitavo dia do nascimento as crianças judias recebiam oficialmente seus nomes em cerimônias religiosas.

Neste estudo da cronologia do período de 70 aC a 70 dC apresentamos os eventos com as datas segundo o calendário Gregoriano extrapolado para este período e as respectivas datas segundo os calendários romano Juliano e judaico.

Notação e conversão de calendários

Abreviações:

aC = antes de Cristo.

dC = depois de Cristo.

G = calendário Gregoriano.

J = calendário Juliano.

AUC = Ab Urbe Condita.

APJ = Anno Periodi Juliani.

DJ = Dia Juliano ao meio dia.

H = calendário Hebreu até o por do sol.

Para a conversão entre os calendários H, J, G, DJ, veja em

http://www.fourmilab.ch/documents/calendar/

APJ=DJ/365,25

Correspondência entre AUC e Anos Gregorianos

1 AUC inicia em 21/abril/-753(G) e termina em 20/abril/-752(G).
754 AUC inicia em 21/abril/0(G) e termina em 20/abril/1(G).

AUC	Início em 21/abril	Término em 20/abril
684	-70	-69
685	-69	-68
686	-68	-67
687	-67	-66
688	-66	-65
689	-65	-64
690	-64	-63
691	-63	-62
692	-62	-61
693	-61	-60
694	-60	-59
695	-59	-58
696	-58	-57
697	-57	-56
698	-56	-55

699	-55	-54
700	-54	-53
701	-53	-52
702	-52	-51
703	-51	-50
704	-50	-49
705	-49	-48
706	-48	-47
707	-47	-46
708	-46	-45
709	-45	-44
710	-44	-43
711	-43	-42
712	-42	-41
713	-41	-40
714	-40	-39
715	-39	-38
716	-38	-37
717	-37	-36
718	-36	-35
719	-35	-34
720	-34	-33
721	-33	-32
722	-32	-31
723	-31	-30
724	-30	-29

725	-29	-28
726	-28	-27
727	-27	-26
728	-26	-25
729	-25	-24
730	-24	-23
731	-23	-22
732	-22	-21
733	-21	-20
734	-20	-19
735	-19	-18
736	-18	-17
737	-17	-16
738	-16	-15
739	-15	-14
740	-14	-13
741	-13	-12
742	-12	-11
743	-11	-10
744	-10	-9
745	-9	-8
746	-8	-7
747	-7	-6
748	-6	-5
749	-5	-4

750	-4	-3
751	-3	-2
752	-2	-1
753	-1	0
754	0	1
755	1	2
756	2	3
757	3	4
758	4	5
759	5	6
760	6	7
761	7	8
762	8	9
763	9	10
764	10	11
765	11	12
766	12	13
767	13	14
768	14	15
769	15	16
770	16	17
771	17	18
772	18	19
773	19	20
774	20	21
775	21	22

776	22	23
777	23	24
778	24	25
779	25	26
780	26	27
781	27	28
782	28	29
783	29	30
784	30	31
785	31	32
786	32	33
787	33	34
788	34	35
789	35	36
790	36	37
791	37	38
792	38	39
793	39	40
794	40	41
795	41	42
796	42	43
797	43	44
798	44	45
799	45	46
800	46	47

801	47	48
802	48	49
803	49	50
804	50	51
805	51	52
806	52	53
807	53	54
808	54	55
809	55	56
810	56	57
811	57	58
812	58	59
813	59	60
814	60	61
815	61	62
816	62	63
817	63	64
818	64	65
819	65	66
820	66	67
821	67	68
822	68	69
823	69	70
824	70	71

Para conhecer o calendário Civil da época, com as fases da lua, veja em

http://www.paulcarlisle.net/mooncalendar/

Sincronismo com Consuls e Olimpíadas

Fontes:

https://en.m.wikipedia.org/wiki/32_BC
https://en.wikipedia.org/wiki/List_of_Roman_consuls#1st_century_BC
https://en.m.wikipedia.org/wiki/List_of_Olympic_winners_of_the_Stadion_race
http://www.numachi.com/~ccount/hmepa/calendars/187.html

Gregoriano	Juliano	Consul	Consul	Olimpiadas.Ano	Vencedores da corrida no estadio
-69	-70	Cn. Pompeius Magnus	M. Licinius Crassus	177.3	
-68	-69	Q. Hortensius Hortalus	Q. Caecilius Metellus Creticus	177.4	
-67	-68	L. Caecilius Metellus	Q. Marcius Rex	178.1	Diocles de Hypopenus
	substituido por	Servilius Vatia			
-66	-67	C. Calpurnius Piso	M'. Acilius Glabrio	178.2	
-65	-66	M'. Aemilius Lepidus	L. Volcatius Tullus	178.3	
-64	-65	P. Cornelius Sulla	P. Antonius Paetus	178.4	
	substituido por	L. Aurelius Cotta	L. Manlius Torquatus		
-63	-64	L. Julius Caesar	C. Marcius Figulus	179.1	Andreas de Lacedaemon
-62	-63	M. Tullius Cicero	C. Antonius Hibrida	179.2	
-61	-62	D. Junius Silanus	L. Licinius Murena	179.3	

-60	-61	M. Pupius Piso Frugi Calpurnianus	M. Valerius Messalla Niger	179.4	
-59	-60	Q. Caecilius Metellus Celer	L. Afranius	180.1	Andromachus de Ambracia
-58	-59	C. Julius Caesar	M. Calpurnius Bibulus	180.2	
-57	-58	L. Calpurnius Piso Caesoninus	A. Gabinius	180.3	
-56	-57	P. Cornelius Lentulus Spinther	Q. Caecilius Metellus Nepos	180.4	
-55	-56	Cn. Cornelius Lentulus Marcellinus	L. Marcius Philippus	181.1	Lamachus de Tauromenium
-54	-55	Cn. Pompeius Magnus II	M. Licinius Crassus II	181.2	
-53	-54	L. Domitius Ahenobarbus	Ap. Claudius Pulcher	181.3	
-52	-53	Cn. Domitius Calvinus	M. Valerius Messalla Rufus	181.4	
-51	-52	Cn. Pompeius Magnus III	Q. Caecilius Metellus Pius Scipio	182.1	Anthestion de Argos
-50	-51	Ser. Sulpicius Rufus	M. Claudius Marcellus	182.2	
-49	-50	L. Aemilius Lepidus Paullus	C. Claudius Marcellus Minor	182.3	
-48	-49	C. Claudius Marcellus Maior	L. Cornelius Lentulus Crus	182.4	
-47	-48	C. Julius Caesar II	P. Servilius Isauricus	183.1	Theodorus de Messene
-46	-47	Q. Fufius Calenus	P. Vatinius	183.2	
-45	-46	C. Julius Caesar III	M. Aemilius Lepidus	183.3	
-44	-45	C. Julius Caesar IV	sem colega	183.4	
	substituido por	Q. Fabius Maximus	C. Trebonius		

	substituido por	C. Caninius Rebilus			
-43	-44	C. Julius Caesar V	M. Antonius	184.1	Theodorus de Messene pela segunda vez
	substituido por	P. Cornelius Dolabella			
-42	-43	C. Vibius Pansa Caetronianus	A. Hirtius	184.2	
	substituido por	C. Julius Caesar (Octavianus)	Q. Pedius		
	substituido por	P. Ventidius Bassus	C. Carrinas		
-41	-42	M. Aemilius Lepidus II	L. Munatius Plancus	184.3	
-40	-41	L. Antonius Pietas	P. Servilius Isauricus II	184.4	
-39	-40	Cn. Domitius Calvinus II	C. Asinius Pollio	185.1	Ariston de Thurii
	substituido por	L. Cornelius Balbus	P. Canidius Crassus		
-38	-39	L. Marcius Censorinus	C. Calvisius Sabinus	185.2	
	substituido por		P. Alfenus Varus (Depois Out–Dez)		
	substituido por	C. Cocceius Balbus (Dez)			
-37	-38	Ap. Claudius Pulcher (Jan–Jun)	C. Norbanus Flaccus (Jan-Ago)	185.3	
	substituido por	L. Cornelius Lentulus (Jul–Dez)			
	substituido por		L. Marcius Philippus (Set–Dez)		
-36	-37	M. Vipsanius Agrippa	L. Caninius Gallus	185.4	
	substituido por		T. Statilius Taurus		

-35	36	L. Gellius Publicola (Jan–Ago)	M. Cocceius Nerva (Jan–Jun)	186.1	Scamander de Alexandria Troas
	substituido por		Q. Marcius (Jul–Dez)		
	substituido por	L. Nonius Asprenas (Set–Dez)			
-34	-35	L. Cornificius (Jan–Ago)	Sex. Pompeius (Jan–Jun)	186.2	
	substituido por	P. Cornelius Dolabella (Set–Dez)			
	substituido por		T. Peducaeus (Jul–Dez)		
-33	-34	M. Antonius II (1 Jan only)	L. Scribonius Libo (Jan–Jun)	186.3	
	substituido por	L. Sempronius Atratinus (2 Jan–Jun)			
	substituido por	Paullus Aemilius Lepidus (Jul–Dez)	C. Memmius (Jul–Ago)		
	substituido por		M. Herennius Picens (Set–Dez)		
-32	-33	Imp. Caesar Divi f. II (1 Jan only)	L. Volcacius Tullus (Jan–Abr)	186.4	
	substituido por	L. Autronius Paetus (2 Jan–Abr)			
	substituido por	L. Flavius (Mai–Jun or Ago)	C. Fonteius Capito (Mai–Jun or Ago)		
	substituido por	M. Acilius Glabrio (Jul–Ago or Set)			
	substituido por	L. Vinicius (Set–Dez)			
	substituido por		Q. Laronius (Out–Dez)		

-31	-32	Cn. Domitius Ahenobarbus	C. Sosius	187.1	Ariston de Thurii novamente
	substituido por	L. Cornelius Cinna	M. Valerius Messalla		
-30	-31	M. Antonius III (only in the east)	Imp. Caesar Divi f. III	187.2	
	substituido por	M. Valerius Messalla Corvinus			
	substituido por	M. Titius			
	substituido por	Cn. Pompeius			
-29	-30	Imp. Caesar Divi f. IV	M. Licinius Crassus	187.3	
	substituido por		C. Antistius Vetus		
	substituido por		M. Tullius Cicero		
	substituido por		L. Saenius		
-28	-29	Imp. Caesar Divi f. V	Sex. Appuleius	187.4	
	substituido por		Potitus Valerius Messalla		
-27	-28	Imp. Caesar Divi f. VI	M. Vipsanius Agrippa II	188.1	Scopater de Argos
-26	-27	Imp. Caesar Divi f. Augustus VII	M. Vipsanius Agrippa III	188.2	
-25	-26	Imp. Caesar Divi f. Augustus VIII	T. Statilius Taurus II	188.3	
-24	-25	Imp. Caesar Divi f. Augustus IX	M. Junius Silanus	188.4	
-23	-24	Imp. Caesar Divi f. Augustus X	C. Norbanus Flaccus	189.1	Asclepiades de Sidon
-22	-23	Imp. Caesar Divi f. Augustus XI (Jan–1	Cn. Calpurnius Piso (served the entire	189.2	

		Jul)	year)[65]		
	substituido por	L. Sestius Albanianus Quirinalis (1 Jul–Dez)			
-21	-22	M. Claudius Marcellus Aeserninus	L. Arruntius[66]	189.3	
-20	-21	M. Lollius	Q. Aemilius Lepidus	189.4	
-19	-20	M. Appuleius	P. Silius Nerva	190.1	Auphidius de Patrae
-18	-19	C. Sentius Saturninus (until some point between 1 Ago and 12 Out)	sine collega	190.2	
	substituido por	M. Vinicius (Antes 12 Out–Dez)	Q. Lucretius Vespillo (Antes 12 Out–Dez)		
-17	-18	Publius Cornelius Lentulus Marcellinus	Cn. Cornelius Lentulus	190.3	
-16	-17	C. Furnius	C. Junius Silanus	190.4	
-15	-16	L. Domitius Ahenobarbus	P. Cornelius Scipio	191.1	Diodotus de Tyana
	substituido por		L. Tarius Rufus		
-14	-15	M. Livius Drusus Libo	L. Calpurnius Piso	191.2	
-13	-14	M. Licinius Crassus Frugi	Cn. Cornelius Lentulus Augur	191.3	
-12	-13	Ti. Claudius Nero I	P. Quinctilius Varus	191.4	
-11	-12	M. Valerius Messalla Appianus (died 6 Mar)	P. Sulpicius Quirinius (Jan–Depois 29 Ago)	192.1	Diophanes de Aeolis

	substituido por	C. Valgius Rufus (Mar–Depois 29 Ago)			
	substituido por	C. Caninius Rebilus (until died in office)	L. Volusius Saturninus (until Dez)		
-10	-11	Q. Aelius Tubero	Paullus Fabius Maximus	192.2	
-9	-10	Africanus Fabius Maximus	Iullus Antonius	192.3	
-8	-9	Nero Claudius Drusus	T. Quinctius Crispinus Sulpicianus	192.4	
-7	-8	C. Marcius Censorinus	C. Asinius Gallus	193.1	Artemidorus de Thyateira
-6	-7	Ti. Claudius Nero II	Cn. Calpurnius Piso	193.2	
-5	-6	D. Laelius Balbus	C. Antistius Vetus	193.3	
-4	-5	Imp. Caesar Divi f. Augustus XII (Jan–Depois 11 Abr)	L. Cornelius Sulla (Jan–Depois 11 Abr)	193.4	
	substituido por	Q. Haterius (Antes 1 Jul–Dez)	L. Vinicius (until 16 Jul or 13 Ago)		
	substituido por		C. Sulpicius Galba (until end of year)		
-3	-4	C. Calvisius Sabinus	L. Passienus Rufus	194.1	Demaratus de Ephesus
	substituido por	C. Caelius (Rufus?)	Galus Sulpicius		
-2	-3	L. Cornelius Lentulus	M. Valerius Messalla Messallinus	194.2	
-1	-2	Imp. Caesar Divi f. Augustu XIII (Jan–Ago)	M. Plautius Silvanus (Jan–Jun)	194.3	
	substituido por		L. Caninius Gallus (Jul–Dez)		

	substituido por	C. Fufius Geminus (Set–Out)			
	substituido por	Q. Fabricius (Nov–Dez)			
0	-1	Cossus Cornelius Lentulus	L. Calpurnius Piso	194.4	
	substituido por	A. Plautius	A. Caecina Severus		
	não existe ano zero no calendario Juliano	-	-		
1	1	Caius ou Gaius Julius Caesar (Jan–Dez)	L. Aemilius Paullus (Jan–Jun)	195.1	Demaratus pela segunda vez
	substituido por		M. Herennius Picens (Jul–Dez)		
2	2	P. Vinicius (Jan–Jun)	P. Alfenus Varus	195.2	
	substituido por	P. Cornelius Lentulus Scipio (Jul–Dez)	T. Quinctius Crispinus Valerianus		
3	3	L. Aelius Lamia (Jan–Jun)	M. Servilius	195.3	
	substituido por	P. Silius (Jul–Dez)	L. Volusius Saturninus		
4	4	Sex. Aelius Catus (Jan–Jun)	C. Sentius Saturninus	195.4	
	substituido por	Cn. Sentius Saturninus (Jul–Dez)	C. Clodius Licinus		
5	5	L. Valerius Messalla Volesus (Jan–Jun)	Cn. Cornelius Cinna Magnus	196.1	Pammenes de Magnesia-on-Maeander
	substituido por	C. Vibius Postumus (Jul–Dez)	C. Ateius Capito		

6	6	M. Aemilius Lepidus (Jan–Dez)	L. Arruntius (Jan–Jun)	196.2	
	substituido por		L. Nonius Asprenas (Jul–Dez)		
7	7	Q. Caecilius Metellus Creticus Silanus (Jan–Dez)	A. Licinius Nerva Silianus (Jan–Jun)	196.3	
	substituido por		Lucilius Longus (Jul–Dez)		
8	8	M. Furius Camillus (Jan–Jun)	Sex. Nonius Quinctilianus	196.4	
	substituido por	L. Apronius (Jul–Dez)	A. Vibius Habitus		
9	9	C. Poppaeus Sabinus (Jan–Jun)	Q. Sulpicius Camerinus	197.1	Asiaticus de Halicarnassus
	substituido por	M. Papius Mutilus (Jul–Dez)	Q. Poppaeus Secundus		
10	10	P. Cornelius Dolabella (Jan–Jun)	C. Junius Silanus	197.2	
	substituido por	Ser. Cornelius Lentulus Maluginensis (Jul–Dez)	Q. Junius Blaesus		
11	11	M'. Aemilius Lepidus (Jan–Jun)	T. Statilius Taurus (Jan–Dez)	197.3	
	substituido por	L. Cassius Longinus (Jul–Dez)			
12	12	Germanicus Julius Caesar (Jan–Dez)	C. Fonteius Capito (Jan–Jun)	197.4	
	substituido por		C. Visellius Varro (Jul–Dez)		
13	13	Gaius Silius (Jan–Jun)	L. Munatius Plancus (Jan–Dez)	198.1	Diophanes de Prusa
	substituido por	C. Caecina Largus[72] (Jul–Dez)			

14	14	Sex. Pompeius (Jan–Dez)	Sex. Appuleius	198.2	
15	15	Drusus Julius Caesar (Jan–Dez)	C. Norbanus Flaccus (Jan–Jun)	198.3	
	substituido por		M. Junius Silanus (Jul–Dez)		
16	16	Sisenna Statilius Taurus (Jan–Jun)	L. Scribonius Libo	198.4	
	substituido por	C. Vibius Rufus (Jul–Dez)	P. Pomponius Graecinus		
17	17	L. Pomponius Flaccus (Jan–Jun)	C. Caelius Rufus	199.1	Aeschines Glaucias de Miletus
	substituido por	C. Vibius Marsus (Jul–Dez)	L. Voluseius Proculus		
18	18	Ti. Caesar Augustus III (Jan)	Germanicus Julius Caesar II (Jan–Abr)	199.2	
	substituido por	L. Seius Tubero (Fev–Jul)	Livineius Regulus (Mai–Jul)		
	substituido por	C. Rubellius Blandus (Ago–Dez)	M. Vipstanus Gallus		
19	19	M. Junius Silanus Torquatus (Jan–Dez)	L. Norbanus Balbus (Jan–Abr)	199.3	
	substituido por		P. Petronius (Mai–Dez)		
20	20	M. Valerius Messala (Jan–Dez)	M. Aurelius Cotta Maximus Messalinus	199.4	
21	21	Ti. Caesar Augustus IV (Jan–Jun)	Drusus Julius Caesar II	200.1	Polemon de Petra
	substituido por	Mam. Aemilius Scaurus (Jul–Dez)	Cn. Tremellius		
22	22	D. Haterius Agrippa	C. Sulpicius Galba	200.2	

23	23	C. Asinius Pollio (Jan–Dez)	C. Antistius Vetus (Jan–Jun)	200.3	
	substituido por		C. Stertinius Maximus (Jul–Dez)		
24	24	Ser. Cornelius Cethegus (Jan–Jun)	L. Visellius Varro	200.4	
	substituido por	C. Calpurnius Aviola (Jul–Dez)	P. Cornelius Lentulus Scipio		
25	25	Cossus Cornelius Lentulus (Jan–Ago)	M. Asinius Agrippa (Jan–Dez)	201.1	Damasias de Cydonia
	substituido por	C. Petronius (Set–Dez)			
26	26	Cn. Cornelius Lentulus Gaetulicus (Jan–Jun)	C. Calvisius Sabinus	201.2	
	substituido por	Q. Junius Blaesus (Jul–Dez)	L. Antistus Vetus		
27	27	L. Calpurnius Piso (Jan–Jun)	M. Licinius Crassus Frugi	201.3	
	substituido por	P. Cornelius Lentulus (Jul–Dez)	C. Sallustius Crispus Passienus I		
28	28	Ap. Junius Silanus (Jan–Jun)	P. Silius Nerva	201.4	
	substituido por	L. Junius Silanus (Jul–Dez)	C. Vellaeus Tutor		
29	29	C. Fufius Geminus (Jan–Jun)	L. Rubellius Geminus	202.1	Hermogenes de Pergamum
	substituido por	A. Plautius (Jul–Dez)	L. Nonius Asprenas		
30	30	L. Cassius Longinus (Jan–Jun)	M. Vinicius	202.2	
	substituido por	L. Naevius Surdinus (Jul–Dez)	C. Cassius Longinus		
31	31	Ti. Caesar Augustus V (Jan-8 Mai)	L. Aelius Seianus	202.3	

	substituido por	Faustus Cornelius Sulla (9 Mai–Set)	Sex. Tedius Valerius Catullus (9 Mai–Jun)		
	substituido por		L. Fulcinius Trio (Jul–Dez)		
	substituido por	P. Memmius Regulus (Out–Dez)			
32	32	Cn. Domitius Ahenobarbus (Jan–Dez)	L. Arruntius Camillus Scribonianus (Jan–Jun)	202.4	
	substituido por		A. Vitellius (Jul–Dez)		
33	33	L. Livius Ocella Ser. Sulpicius Galba (Jan–Jun)	L. Cornelius Sulla Felix	203.1	Apollonius de Epidaurus
	substituido por	L. Salvius Otho (Jul–Dez)	C. Octavius Laenas		
34	34	Paullus Fabius Persicus (Jan–Jun)	L. Vitellius	203.2	
	substituido por	Q. Marcius Barea Soranus (Jul–Dez)	T. Rustius Nummius Gallus		
35	35	C. Cestius Gallus (Jan–Jun)	M. Servilius Nonianus	203.3	
	substituido por	D. Valerius Asiaticus (Jul–Dez)	A. Gabinius Secundus		
36	36	Sex. Papinius Allenius (Jan–Jun)	Q. Plautius	203.4	
	substituido por	M. Porcius Cato (Jul–Dez)	ignotus		
37	37	Cn. Acerronius Proculus (Jan–Jun)	C. Petronius Pontius Nigrinus	204.1	Sarapion de Alexandria
	substituido por	C. Caesar Augustus Germanicus (Jul–Ago)	Ti. Claudius Nero Germanicus		
	substituido por	A. Caecina Paetus (Set–Dez)	C. Caninius Rebilus		

38	38	M. Aquila Julianus (Jan–Jun)	P. Nonius Asprenas	204.2	
	substituido por	Ser. Asinius Celer (Jul–Dez)	Sex. Nonius Quintilianus		
39	39	C. Caesar Augustus Germanicus II (Jan)	L. Apronius Caesianus (Jan–Jun)	204.3	
	substituido por	Q. Sanquinius Maximus (Fev–Jun)			
	substituido por	Cn. Domitius Corbulo (Jul–1 Set)	ignotus		
	substituido por	A. Didius Gallus (2 Set–Dez)	Cn. Domitius Afer		
40	40	C. Caesar Augustus Germanicus III (To 13 Jan)	sine collega	204.4	
	substituido por	C. Laecanius Bassus (Jan–Jun)	Q. Terentius Culleo		
41	41	C. Caesar Augustus Germanicus IV (Jan)	Cn. Sentius Saturninus (Jan–Jun)	205.1	Eubulidas de Laodiceia
	substituido por	Q. Pomponius Secundus (Fev–Jun)			
	substituido por	Q. Futius Lusius Saturninus (Set–Out)	M. Seius Varanus		
	substituido por	P. Ostorius Scapula (Nov–Dez)	P. Suillius Rufus		
42	42	Ti. Claudius Caesar Augustus Germanicus II (Jan–Fev)	C. Caecina Largus (Jan–Dez)	205.2	
	substituido por	C. Cestius Gallus (Mar–? Jun)			
	substituido por	Cornelius Lupus[80]			
43	43	Ti. Claudius Caesar Augustus Germanicus III (Jan–Fev)	L. Vitellius II	205.3	

	substituido por	Sex. Palpellius Hister (Mar–Jul)	L. Pedanius Secundus		
	substituido por	A. Gabinius Secundus (Ago–Set)	ignotus		
	substituido por	Q. Curtius Rufus (Out–Dez)	L. Oppius		
44	44	C. Sallustius Crispus Passienus II (early Jan)	T. Statilius Taurus (Jan–Jun)	205.4	
	substituido por	P. Calvisius Sabinus Pomponius Secundus (early Jan–Jun)			
45	45	M. Vinicius II (Jan–Fev)	T. Statilius Taurus Corvinus (Jan–Jun)	206.1	Valerius de Mytilene
	substituido por	Ti. Plautius Silvanus Aelianus (Mar–Jun)			
	substituido por	A. Antonius Rufus (Jul–? Out)	M. Pompeius Silvanus Staberius Flavianus		
46	46	D. Valerius Asiaticus II (Jan–Fev)	M. Junius Silanus (Jan–Dez)	206.2	
	substituido por	Camerinus Antistius Vetus (Early Mar)			
	substituido por	Q. Sulpicius Camerinus (Early Mar–Jun)			
	substituido por	D. Laelius Balbus (Jul–Ago)			
	substituido por	C. Terentius Tullius Geminus (Set–Dez)			
47	47	Ti. Claudius Caesar Augustus Germanicus IV (Jan–Fev)	L. Vitellius III	206.3	

	substituido por	C. Calpetanus Rantius Sedatus (Mar–Abr)	M. Hordeonius Flaccus		
	substituido por	Cn. Hosidius Geta (Jul–Dez)	T. Flavius Sabinus (Jul–Ago)		
	substituido por		L. Vagellius (Set–Out)		
	substituido por		C. Volasenna Severus (Nov–Dez)		
48	48	A. Vitellius (Jan–Jun)	L. Vipstanus Poplicola[83]	206.4	
	substituido por	L. Vitellius (Jul–Dez)	Messalla Vipstanus Gallus		
49	49	Q. Veranius Nepos (Jan–Fev)	C. Pompeius Longus Gallus	207.1	Athenodorus de Aegium
	substituido por	L. Mammius Pollio (Mar–Jun)	Q. Allius Maximus		
50	50	C. Antistius Vetus (Jan–? Fev)	M. Suillius Nerullinus	207.2	
51	51	Ti. Claudius Caesar Augustus Germanicus V (Jan–Dez)	Ser. Cornelius Scipio Salvidienus Orfitus (Jan–Jun)	207.3	
	substituido por		L. Calventius Vetus C. Carminius (por Set–Out)		
	substituido por		T. Flavius Vespasianus (Nov–Dez)		
52	52	Faustus Cornelius Sulla Felix (Jan–Dez)	L. Salvius Otho Titianus (Jan–Jun)	207.4	
	substituido por		Q. Marcius Barea Soranus (10 Ago)		
	substituido por		L. Salvidienus Rufus Salvianus (11 Dez)		
53	53	D. Junius Silanus Torquatus (Jan–Jun)	Q. Haterius Antoninus	208.1	Athenodorus de Aegium pela segunda vez

	substituido por	P. Trebonius (Jun–? Out)	Q. Caecina Primus		
	substituido por	P. Calvisius Ruso (? Nov–Dez)			
54	54	M'. Acilius Aviola (Jan–Jun)	M. Asinius Marcellus (Jan–Mai)	208.2	
	substituido por		M. Aefulanus (17 Jun)[84]		
55	55	Nero Claudius Caesar Augustus Germanicus (Jan–Fev)	L. Antistius Vetus[86]	208.3	
	substituido por	N. Cestius (Mar–Abr)			
	substituido por	P. Cornelius Dolabella (Mai–Jun)	L. Annaeus Seneca (until Out)		
	substituido por	M. Trebellius Maximus (Jul–Ago)			
	substituido por	P. Palfurius (Set–Out)			
	substituido por	Cn. Cornelius Lentulus Gaetulicus (Nov–Dez)	T. Curtilius Mancia		
56	56	Q. Volusius Saturninus (Jan–Jun)	P. Cornelius (Lentulus?) Scipio	208.4	
	substituido por	L. Junius Gallio Annaeanus (Jul–Ago)	T. Cutius Ciltus		
	substituido por	P. Sulpicius Scribonius Rufus (Set–Out)	P. Sulpicius Scribonius Proculus		
	substituido por	L. Duvius Avitus (Nov–Dez)	P. Clodius Thrasea Paetus		

57	57	Nero Claudius Caesar Augustus Germanicus II (Jan–Dez)	L. Calpurnius Piso (Jan–Jun)	209.1	Callicles de Sidon
	substituido por		L. Caesius Martialis (Jul–Dez)		
58	58	Nero Claudius Caesar Augustus Germanicus III (Jan–Abr)	M. Valerius Messalla Corvinus (Jan–Jun)	209.2	
	substituido por	C. Fonteius Agrippa (Mai–Jun)			
	substituido por	A. Petronius Lurco (Jul–Dez)	A. Paconius Sabinus		
59	59	C. Vipstanus Apronianus (Jan–Jun)	C. Fonteius Capito	209.3	
	substituido por	T. Sextius Africanus (Jul–Dez)	M. Ostorius Scapula		
60	60	Nero Claudius Caesar Augustus Germanicus IV (Jan–Jun)	Cossus Cornelius Lentulus	209.4	
	substituido por	C. Velleius Paterculus (Jul–Out)	M. Manilius Vopiscus		
61	61	P. Petronius Turpilianus (Jan–Jun)	L. Junius Caesennius Paetus	210.1	Athenodorus de Aegium pela terceira vez
	substituido por	Cn. Pedanius Fuscus Salinator (Jul–Ago)	L. Velleius Paterculus		
62	62	P. Marius[89] (Jan – Abr)	Lucius Afinius Gallus	210.2	
	substituido por	Q. Manlius Ancharius Tarquitius Saturninus (Mai–Ago)	P. Petronius Niger		

	substituido por	Q. Junius Marullus (Set–Dez)	T. Clodius Eprius Marcellus		
63	63	C. Memmius Regulus (Jan–Jun)	L. Verginius Rufus	210.3	
	substituido por	T. Petronius Niger (Jul–Ago)	Q. Manlius Tarquitius Saturninus		
64	64	C. Laecanius Bassus (Jan–Jun)	M. Licinius Crassus Frugi	210.4	
	substituido por	C. Licinius Mucianus (Jul–Out)	Q. Fabius Barbarus Antonius Macer		
65	65	A. Licinius Nerva Silianus (Jan–Jun)	M. Julius Vestinus Atticus (Killed self in Abr)	adiado por Nero	
	substituido por		P. Pasidienus Firmus		
	substituido por	C. Pomponius Pius (Jul–Ago)	C. Anicius Cerialis		
66	66	C. Luccius Telesinus (Jan–Jun)	C. Suetonius Paullinus II	adiado por Nero	
	substituido por	M. Annius Afrinus (Jul–Ago)	C. Paccius Africanus		
	substituido por	M. Arruntius Aquila[91] (Set–Dez)	M. Vettius Bolanus		
67	67	L. Julius Rufus	Fonteius Capito	211.1	Thryphon de Philadelphia
	substituido por	L. Aurelius Priscus (Antes Jun)			
	substituido por	Ap. Annius Afrinus (Jul–Dez)	L. Verulanus Severus		
68	68	Ti. Catius Asconius Silius Italicus (Jan–Mar)	P. Galerius Trachalus	211.2	

	substituido por	Imp. Nero Claudius Caesar Augustus Germanicus V (? Abr–Jun)	ignotus		
	substituido por	C. Bellicus Natalis (Set–Dez)	P. Cornelius Scipio Asiaticus		
69	69	Ser. Galba Imp. Caesar Augustus II (Morto 15 Jan)	T. Vinius (Rufinus?) (Morto 15 Jan)	212.1	Polites de Ceramus
	substituido por	M. Otho Caesar Augustus (15 Jan–28 Fev)	L. Salvius Otho Titianus II		
	substituido por	L. Verginius Rufus II (Mar)	L. Pompeius Vopiscus		
	substituido por	Cn. Arulenus Caelius Sabinus (Abr–Jun)	T. Flavius Sabinus		
	substituido por	Cn. Arrius Antoninus (Jul–Ago)	A. Marius Celsus		
	substituido por	Fabius Valens (Set–Out)	A. Caecina Alienus (Set–30 Out)		
	substituido por		Rosius Regulus (31 Out)		
	substituido por	Cn. Caecilius Simplex (Nov–Dez)	C. Quintius Atticus		
70	70	Imp. Caesar Vespasianus Augustus II (Jan–Jun)	T. Caesar Vespasianus	212.2	
	substituido por	C. Licinius Mucianus II (Jul–Ago)	Q. Petillius Cerealis Caesius Rufus		
	substituido por	M. Ulpius Traianus (Set–Out)	Q. Julius Cordinus C. Rutilius Gallicus		
	substituido por	L. Annius Bassus (Nov–Dez)	C. Laecanius Bassus Caecina Paetus		

Sincronismo com Qumran

A escala escala de serviço sacerdotal no Templo tem um ciclo de 6 anos com 52 semanas cada ano conforme manuscritos de Qumran.

semana	1º ano	2º ano	3º ano	4º ano	5º ano	6º ano
1	22.Gamul	2.Jedeias	6.Mainã	10.Sequenias	14.Isbaal	18.Hafses
2	23.Dalaías	3.Harim	7.Acos	11.Eliasib	15.Belga	19.Fetatias
3	24.Maazias	4.Seorim	8.Abias	12.Jacim	16.Emer	20.Esequiel
4	1.Joiarib	5.Melquias	9.Jesua	13.Hofa	17.Hezir	21.Jaquin
5	2.Jedeias	6.Mainã	10.Sequenias	14.Isbaal	18.Hafses	22.Gamul
6	3.Harim	7.Acos	11.Eliasib	15.Belga	19.Fetatias	23.Dalaías
7	4.Seorim	8.Abias	12.Jacim	16.Emer	20.Esequiel	24.Maazias
8	5.Melquias	9.Jesua	13.Hofa	17.Hezir	21.Jaquin	1.Joiarib
9	6.Mainã	10.Sequenias	14.Isbaal	18.Hafses	22.Gamul	2.Jedeias
10	7.Acos	11.Eliasib	15.Belga	19.Fetatias	23.Dalaías	3.Harim
11	8.Abias	12.Jacim	16.Emer	20.Esequiel	24.Maazias	4.Seorim
12	9.Jesua	13.Hofa	17.Hezir	21.Jaquin	1.Joiarib	5.Melquias
13	10.Sequenias	14.Isbaal	18.Hafses	22.Gamul	2.Jedeias	6.Mainã
14	11.Eliasib	15.Belga	19.Fetatias	23.Dalaías	3.Harim	7.Acos
15	12.Jacim	16.Emer	20.Esequiel	24.Maazias	4.Seorim	8.Abias
16	13.Hofa	17.Hezir	21.Jaquin	1.Joiarib	5.Melquias	9.Jesua
17	14.Isbaal	18.Hafses	22.Gamul	2.Jedeias	6.Mainã	10.Sequenias
18	15.Belga	19.Fetatias	23.Dalaías	3.Harim	7.Acos	11.Eliasib

19	16.Emer	20.Esequiel	24.Maazias	4.Seorim	8.Abias	12.Jacim
20	17.Hezir	21.Jaquin	1.Joiarib	5.Melquias	9.Jesua	13.Hofa
21	18.Hafses	22.Gamul	2.Jedeias	6.Mainã	10.Sequenias	14.Isbaal
22	19.Fetatias	23.Dalaías	3.Harim	7.Acos	11.Eliasib	15.Belga
23	20.Esequiel	24.Maazias	4.Seorim	8.Abias	12.Jacim	16.Emer
24	21.Jaquin	1.Joiarib	5.Melquias	9.Jesua	13.Hofa	17.Hezir
25	22.Gamul	2.Jedeias	6.Mainã	10.Sequenias	14.Isbaal	18.Hafses
26	23.Dalaías	3.Harim	7.Acos	11.Eliasib	15.Belga	19.Fetatias
27	24.Maazias	4.Seorim	8.Abias	12.Jacim	16.Emer	20.Esequiel
28	1.Joiarib	5.Melquias	9.Jesua	13.Hofa	17.Hezir	21.Jaquin
29	2.Jedeias	6.Mainã	10.Sequenias	14.Isbaal	18.Hafses	22.Gamul
30	3.Harim	7.Acos	11.Eliasib	15.Belga	19.Fetatias	23.Dalaías
31	4.Seorim	8.Abias	12.Jacim	16.Emer	20.Esequiel	24.Maazias
32	5.Melquias	9.Jesua	13.Hofa	17.Hezir	21.Jaquin	1.Joiarib
33	6.Mainã	10.Sequenias	14.Isbaal	18.Hafses	22.Gamul	2.Jedeias
34	7.Acos	11.Eliasib	15.Belga	19.Fetatias	23.Dalaías	3.Harim
35	8.Abias	12.Jacim	16.Emer	20.Esequiel	24.Maazias	4.Seorim
36	9.Jesua	13.Hofa	17.Hezir	21.Jaquin	1.Joiarib	5.Melquias
37	10.Sequenias	14.Isbaal	18.Hafses	22.Gamul	2.Jedeias	6.Mainã
38	11.Eliasib	15.Belga	19.Fetatias	23.Dalaías	3.Harim	7.Acos
39	12.Jacim	16.Emer	20.Esequiel	24.Maazias	4.Seorim	8.Abias
40	13.Hofa	17.Hezir	21.Jaquin	1.Joiarib	5.Melquias	9.Jesua
41	14.Isbaal	18.Hafses	22.Gamul	2.Jedeias	6.Mainã	10.Sequenias
42	15.Belga	19.Fetatias	23.Dalaías	3.Harim	7.Acos	11.Eliasib
43	16.Emer	20.Esequiel	24.Maazias	4.Seorim	8.Abias	12.Jacim
44	17.Hezir	21.Jaquin	1.Joiarib	5.Melquias	9.Jesua	13.Hofa
45	18.Hafses	22.Gamul	2.Jedeias	6.Mainã	10.Sequenias	14.Isbaal
46	19.Fetatias	23.Dalaías	3.Harim	7.Acos	11.Eliasib	15.Belga

47	20.Esequiel	24.Maazias	4.Seorim	8.Abias	12.Jacim	16.Emer
48	21.Jaquin	1.Joiarib	5.Melquias	9.Jesua	13.Hofa	17.Hezlr
49	22.Gamul	2.Jedeias	6.Mainã	10.Sequenias	14.Isbaal	18.Hafses
50	23.Dalaías	3.Harim	7.Acos	11.Eliasib	15.Belga	19.Fetatias
51	24.Maazias	4.Seorim	8.Abias	12.Jacim	16.Emer	20.Esequiel
52	1.Joiarib	5.Melquias	9.Jesua	13.Hofa	17.Hezir	21.Jaquin

Os estudiosos dos manuscritos de Qumran concluiram que a seita judaica que lá vivia sincronizava a cada ano da escala de serviço sacerdotal com o equinócio de março. Concluíram também que, na escala de serviço sacerdotal no Templo, o Equinócio de março no fuso horário de Jerusalém, é o primeiro dia do primeiro mês. Para a escala de serviço sacerdotal no Templo, o primeiro mês é o mês de Nisan no calendário Hebreu que corresponde ao mês de março no calendário Gregoriano. O primeiro dia do primeiro mês do ano da escala de Qumran é o dia seguinte ao dia do equinócio de março (que é designado como o 4º dia da semana de serviço).

Sabemos que em 03 de agosto do ano 70dC equivalente a 10/Av/3830 do calendário Hebreu o Templo é destruído pela segunda vez. Estavam de serviço no Templo os sacerdotes da classe de Joiarib. Sabendo que a cada ano a escala de serviços é sincronizada com o Equinócio de março, e sabendo que em agosto do ano 70dC a classe de Joiarib estava de serviço no Tempo, então, consultando a escala, vemos que no terceiro ano do ciclo de seis, a classe de Joiarib está de serviço no Templo em agosto. Logo, para o ano 70dC a escala era o terceiro ano do ciclo de seis.

Sabendo que o ano 70dC é um terceiro ano do ciclo de seis anos, e percorrendo o ciclo de 6 anos da escala de serviços vemos que o ano 2aC também é um terceiro ano do ciclo de seis anos.

Conferimos então que na escala anual de serviço no Templo no ano 2AC aparece a classe de Abias, da qual fazia parte Zacarias, prestando serviço no Templo em final de setembro!

Para reconstruirmos o sincronismo da escala de serviço no Templo com o calendário Gregoriano nos anos 2aC e 70dC, precisamos saber as datas dos equinócios de março nestes anos.

Segundo a tabela disponível em

https://www.beda.cz/~jirkaj/seasons/seasons.pdf

os equinócios de março nestes anos ocorreram em:

23 de março de 3aC no calendário Juliano, que é igual a 21 de março de 2aC no calendário Gregoriano, um sábado.[1]

---

[1] https://www.fourmilab.ch/documents/calendar/

22 de março de 70dC no calendário Juliano, que é igual a 20 de março de 70dC no calendário Gregoriano, uma quinta-feira.[2]

A seguir a escala de serviço no Templo nos anos 2aC e 70dC do calendário Gregoriano.

[2] https://www.fourmilab.ch/documents/calendar/

Escala de turnos de serviço no Templo pelas classes sacerdotais segundo manuscritos 4Q320 e 4Q321

O dia seguinte ao equinocio de março é o 4º dia da semana de serviço e é o dia 1 do mês 1.

A semana da classe sacerdotal começa na noite do dia anterior ao primeiro dia da semana.

3º ano do ciclo de 6 anos							Ano 2 AC do calendario Gregoriano. Equinocio : sábado 21 de março			
Semana	Mês	1º dia	Mês	7º dia	Classe		Mês	Quinta	Mês	Quarta
1	12	29	1	4	Mainã		Março 2 a.e.c.	19	Março	25
2	1	5	1	11	Acos		Março	26	Abril	1
3	1	12	1	18	Abias		Abril	2	Abril	8
4	1	19	1	25	Jesua		Abril	9	Abril	15
5	1	26	2	2	Sequenias		Abril	16	Abril	22
6	2	3	2	9	Eliasib		Abril	23	Abril	29
7	2	10	2	16	Jacim		Abril	30	Maio	6
8	2	17	2	23	Hofa		Maio	7	Maio	13
9	2	24	2	30	Isbaab		Maio	14	Maio	20
10	3	1	3	7	Belga		Maio	21	Maio	27
11	3	8	3	14	Emer		Maio	28	Junho	3
12	3	15	3	21	Hezir		Junho	4	Junho	10
13	3	22	3	28	Hafses		Junho	11	Junho	17
14	3	29	4	4	Fetatias		Junho	18	Junho	24
15	4	5	4	11	Ezequiel		Junho	25	Julho	1
16	4	12	4	18	Jaquin		Julho	2	Julho	8
17	4	19	4	25	Gamul		Julho	9	Julho	15
18	4	26	5	2	Dalaías		Julho	16	Julho	22
19	5	3	5	9	Maazias		Julho	23	Julho	29
20	5	10	5	16	Joairib		Julho	30	Agosto	5
21	5	17	5	23	Jedeías		Agosto	6	Agosto	12
22	5	24	5	30	Harim		Agosto	13	Agosto	19
23	6	1	6	7	Seorim		Agosto	20	Agosto	26
24	6	8	6	14	Melquias		Agosto	27	Setembro	2
25	6	15	6	21	Mainã		Setembro	3	Setembro	9
26	6	22	6	28	Acos		Setembro	10	Setembro	16
27	6	29	7	4	Abias	>>>	Setembro	17	Setembro	23
28	7	5	7	11	Jesua		Setembro	24	Setembro	30
29	7	12	7	18	Sequenias		Outubro	1	Outubro	7
30	7	19	7	25	Eliasib		Outubro	8	Outubro	14
31	7	26	8	2	Jacim		Outubro	15	Outubro	21
32	8	3	8	9	Hofa		Outubro	22	Outubro	28
33	8	10	8	16	Isbaab		Outubro	29	Novembro	4
34	8	17	8	23	Belga		Novembro	5	Novembro	11
35	8	24	8	30	Emer		Novembro	12	Novembro	18
36	9	1	9	7	Hezir		Novembro	19	Novembro	25
37	9	8	9	14	Hafses		Novembro	26	Dezembro	2
38	9	15	9	21	Fetatias		Dezembro	3	Dezembro	9
39	9	22	9	28	Ezequiel		Dezembro	10	Dezembro	16
40	9	29	10	4	Jaquin		Dezembro	17	Dezembro	23
41	10	5	10	11	Gamul		Dezembro	24	Dezembro	30
42	10	12	10	18	Dalaías		Dezembro	31	Janeiro 1 a.e.c.	6
43	10	19	10	25	Maazias		Janeiro	7	Janeiro	13
44	10	26	11	2	Joairib		Janeiro	14	Janeiro	20
45	11	3	11	9	Jedeías		Janeiro	21	Janeiro	27
46	11	10	11	16	Harim		Janeiro	28	Fevereiro	3
47	11	17	11	23	Seorim		Fevereiro	4	Fevereiro	10
48	11	24	11	30	Melquias		Fevereiro	11	Fevereiro	17
49	12	1	12	7	Mainã		Fevereiro	18	Fevereiro	24
50	12	8	12	14	Acos		Fevereiro	25	Março	3
51	12	15	12	21	Abias		Março	4	Março	10
52	12	22	12	28	Jesua		Março	11	Março	17

Escala de turnos de serviço no Templo pelas classes sacerdotais segundo manuscritos 4Q320 e 4Q321

O dia seguinte ao equinocio de março é o 4º dia da semana de serviço e é o dia 1 do mês 1.

A semana da classe sacerdotal começa na noite do dia anterior ao primeiro dia da semana.

3º ano do ciclo de 6 anos							Ano 70dC do calendario Gregoriano. Equinocio : quinta-feira 20 de março			
Seman.	Mês	1º dia	Mês	7º dia	Classe		Mês	Terça	Mês	Segunda
1	12	29	1	4	Mainã		Março 70	18	Março	24
2	1	5	1	11	Acos		Março	25	Março	31
3	1	12	1	18	Abias		Abril	1	Abril	7
4	1	19	1	25	Jesua		Abril	8	Abril	14
5	1	26	2	2	Sequenias		Abril	15	Abril	21
6	2	3	2	9	Eliasib		Abril	22	Abril	28
7	2	10	2	16	Jacim		Abril	29	Maio	5
8	2	17	2	23	Hofa		Maio	6	Maio	12
9	2	24	2	30	Isbaab		Maio	13	Maio	19
10	3	1	3	7	Belga		Maio	20	Maio	26
11	3	8	3	14	Emer		Maio	27	Junho	2
12	3	15	3	21	Hezir		Junho	3	Junho	9
13	3	22	3	28	Hafses		Junho	10	Junho	16
14	3	29	4	4	Fetatias		Junho	17	Junho	23
15	4	5	4	11	Ezequiel		Junho	24	Junho	30
16	4	12	4	18	Jaquin		Julho	1	Julho	7
17	4	19	4	25	Gamul		Julho	8	Julho	14
18	4	26	5	2	Dalaías		Julho	15	Julho	21
19	5	3	5	9	Maazias		Julho	22	Julho	28
20	5	10	5	16	Joairib	>>>	Julho	29	Agosto	4
21	5	17	5	23	Jedeías		Agosto	5	Agosto	11
22	5	24	5	30	Harim		Agosto	12	Agosto	18
23	6	1	6	7	Seorim		Agosto	19	Agosto	25
24	6	8	6	14	Melquias		Agosto	26	Setembro	1
25	6	15	6	21	Mainã		Setembro	2	Setembro	8
26	6	22	6	28	Acos		Setembro	9	Setembro	15
27	6	29	7	4	Abias	>>>	Setembro	16	Setembro	22
28	7	5	7	11	Jesua		Setembro	23	Setembro	29
29	7	12	7	18	Sequenias		Setembro	30	Outubro	6
30	7	19	7	25	Eliasib		Outubro	7	Outubro	13
31	7	26	8	2	Jacim		Outubro	14	Outubro	20
32	8	3	8	9	Hofa		Outubro	21	Outubro	27
33	8	10	8	16	Isbaab		Outubro	28	Novembro	3
34	8	17	8	23	Belga		Novembro	4	Novembro	10
35	8	24	8	30	Emer		Novembro	11	Novembro	17
36	9	1	9	7	Hezir		Novembro	18	Novembro	24
37	9	8	9	14	Hafses		Novembro	25	Dezembro	1
38	9	15	9	21	Fetatias		Dezembro	2	Dezembro	8
39	9	22	9	28	Ezequiel		Dezembro	9	Dezembro	15
40	9	29	10	4	Jaquin		Dezembro	16	Dezembro	22
41	10	5	10	11	Gamul		Dezembro	23	Dezembro	29
42	10	12	10	18	Dalaías		Dezembro	30	Janeiro 71	5
43	10	19	10	25	Maazias		Janeiro	6	Janeiro	12
44	10	26	11	2	Joairib		Janeiro	13	Janeiro	19
45	11	3	11	9	Jedeías		Janeiro	20	Janeiro	26
46	11	10	11	16	Harim		Janeiro	27	Fevereiro	2
47	11	17	11	23	Seorim		Fevereiro	3	Fevereiro	9
48	11	24	11	30	Melquias		Fevereiro	10	Fevereiro	16
49	12	1	12	7	Mainã		Fevereiro	17	Fevereiro	23
50	12	8	12	14	Acos		Fevereiro	24	Março	2
51	12	15	12	21	Abias		Março	3	Março	9
52	12	22	12	28	Jesua		Março	10	Março	16

Uma cronologia do período 70 aC a 70 dC

AUC: 692 de 21/abril/-62G a 20/abril/-61G

G: 21/setembro/-62
J: 23/setembro/-63
H: 10/Tishri/3699
DJ: 1698677,5
APJ: 4650
Nasce Caius Octavius, o futuro Augustus Caesar.[3]

AUC: 708 de 21/abril/-46G a 20/abril/-45G

G: 01/janeiro/-45
J: 03/janeiro/-46
H: 19/Teveth/3715
DJ: 1704623,5
APJ: 4667
Início do ano 1 do calendário Juliano. Em 01/janeiro/-45 do calendário Gregoriano, ou 03/janeiro/-46 do calendário Juliano, este calendário Juliano, introduzido por Julius Caesar no ano anterior, já estava em pleno efeito, e sofreu modificações até 8 dC.

AUC: 709 de 21/abril/-45G a 20/abril/-44G

G: 15/março/-44
J: 17/março/-45

---

[3] http://www.roman-emperors.org/auggie.htm
https://pt.wikipedia.org/wiki/Augusto

H: 16/Veadar/3716
DJ: 1705062,5
APJ: 4668
Júlio César derrota os filhos de Pompeu na Batalha de Munda.

AUC: 710 de 21/abril/-44G a 20/abril/-43G

G: 13/março/-43
J: 15/março/-44
H: 24/Adar/3717
DJ: 1705425,5
APJ: 4669
Júlio Caesar é assassinado.[4]

AUC: 711 de 21/abril/-43G a 20/abril/-42G

G: 23/abril/-43
J: 25/abril/-44
H: 06/Iyyar/3717
DJ: 1705466,5
APJ: 4669
Caius Octavius, tendo sido adotado, em testamento, por Júlio Caesar passa a usar o nome de C. Julius Caesar Octavianus.[5]

---

[4] https://en.wikipedia.org/wiki/Julius_Caesar
[5] http://www.roman-emperors.org/auggie.htm
https://pt.wikipedia.org/wiki/Augusto

AUC: 712 de 21/abril/-42G a 20/abril/-41G

G: 25/novembro/-42
J: 27/novembro/-43
H: 27/Kislev/3719
DJ: 1706047,5
APJ: 4670
Octavianus (o futuro Augustus Caesar), junto com Marco Antonio e Lepidus, formam um triunvirato, legalmente constituido pela lex Titia.[6]

AUC: 713 de 21/abril/-41G a 20/abril/-40G

G:14/novembro/-41
J:16/novembro/-42
H:27/Heshvan/3720
DJ:1706401,5
APJ: 4671
Nasce Tiberius Claudius Nero.[7]

AUC: 717 de 21/abril/-37G a 20/abril/-36G

G:fim/-37 a inicio/-36
J:fim/-38 a inicio/-37
H:cerca Teveth/3724
DJ:cerca 1707908
APJ:4676
AUC: 717 de 21/abril/-37G a 20/abril/-36G

---

[6] http://www.roman-emperors.org/auggie.htm
https://pt.wikipedia.org/wiki/Augusto
[7] http://www.roman-emperors.org/tiberius.htm

Herodes e Sosius capturam Jerusalém.[8]

G:31/março/-36
J: 02/abril/-37
H:01/Nisan/3724
DJ:1708000,5
APJ: 4676

Herodes começa "de facto" seu 1º ano como Rei da Judéia em 1º de Nisan (abril) de 37 aC. Este primeiro ano contado a partir da correlação que Josephus fez do 7º ano de reinado de Herodes com o ano da batalha de Actium.[9]

Herodes cunha uma moeda datada de Ano 3, pois em 40 aC "de jure" ele recebera, do Senado Romano, o título de Rei.[10]

---

[8] Flavius Josephus- Antiquities of the Jews, XIV, 16.4
Solomon Zeitlin- Megillat Taanit as a Source for Jewish Chronology and History in the Hellenistic and Roman Periods , in The Jewish Quarterly Review , New Series, Vol. 9, N. 1/2 (Jul-Out 1918) https://www.jstor.org/stable/pdf/1451210.pdf

[9] Flavius Josephus- War of the Jews,Book 1, Chapter19, item 3
http://sacred-texts.com/jud/josephus/war-1.htm
Moedas sempre registram situações "de jure" e não situações "de facto".
Essays in Jewish Numismatics , por Josef Meyshan, Jerusalem, 1960

[10] Gerard Gertoux-Herod the Great and Jesus Chronologica, Historical and Archaeological Evidence

AUC: 718 de 21/abril/-36G a 20/abril/-35G

G: .../julho/-36
J:.../julho/-37
H: .../Tammuz/3724
DJ: >1708090,5
APJ: 4676

Herodes entrega Antigonus aos Romanos para execução.[11]

AUC:723 de 21/abril/-31G a 20/abril/-30G

G: ../março/-30
J: .../março/-31
H: ../Veadar/3730
DJ: cerca 1710173,5
APJ: cerca 4682

Qumran, Ariha (Jericho) sofre com terremoto magnitude 7 por volta de março, inicio da primavera (no hemisferio norte), após o auge, mas antes do término, da batalha de Actium.[12]

---

[11] *https://en.wikipedia.org/wiki/Antigonus_II_Mattathias
Flavius Josephus- Antiquities of the Jews,Book 14, Chapter 16, item 4
http://sacred-texts.com/jud/josephus/ant-14.htm

[12] Flavius Josephus- Antiquities of the Jews,Book 15, Chapter 5, item 2
http://sacred-texts.com/jud/josephus/ant-15.htm
J.M. RODDAZ – Marcus Agrippa – Les arcanes de la puissance-Farnèse 1984 Éd. École Française de Rome pp. 159-166.
http://www.persee.fr/doc/befar_0257-4101_1984_mon_253_1
Significant Earthquake Database:
http://www.ngdc.noaa.gov/nndc/struts/form?t=101650&s=1&d=1

G: 24/março/-30
J: 26/março/-31
H:01/Nisan/3730
DJ: 1710184,5
APJ: 4682

Herodes termina seu 6º ano de reinado e começa seu 7º ano de reinado em 01/Nisan do ano em que a batalha de Actium atingiu seu fim em setembro 31 aC.[13]

AUC:724 de 21/abril/-30G a 20/abril/-29G

G: 31/agosto/-30
J: 02/setembro/-31
H:13/Elul/3730
DJ: 1710344,5
APJ: 4682

Octavianus (o futuro Augustus Caesar) vence, e assim, termina a batalha naval em Actium contra Marco Antonio e Cleopatra, que fogem para o Egito.[14]

---

[13] Flavius Josephus- War of the Jews,Book 1, Chapter19, item 3
http://sacred-texts.com/jud/josephus/war-1.htm

[14] http://www.roman-emperors.org/auggie.htm
https://pt.wikipedia.org/wiki/Augusto

G: 14/março/-29
J: 16/março/-30
H:01/Nisan/3731
DJ: 1710539,5
APJ: 4683

Herodes termina seu 7º ano de reinado e começa seu 8º ano.[15]

AUC:725 de 21/abril/-29G a 20/abril/-28G

G: 30/julho/-29
J: 01/agosto/-30
H: 21/Av/3731
DJ:1710677,5
APJ: 4683

Octavianus (o futuro Augustus Caesar) vence a batalha terrestre contra Marco Antonio e Cleopatra, que cometem suicídio.[16]

AUC:727 de 21/abril/-27G a 20/abril/-26G

G: 14/janeiro/-26
J: 16/janeiro/-27
H: 05/Shevat/3734
DJ: 1711576,5
APJ: 4686

---

[15] Flavius Josephus- Wars of the Jews , 1:19:3
[16] http://www.roman-emperors.org/auggie.htm
https://pt.wikipedia.org/wiki/Augusto

Octanianus é nomeado Augustus pelo Senado. C. Julius Caesar Octavianus passa a se chamar Imperador Caesar Augustus.[17]

AUC:742 de 21/abril/-12G a 20/abril/-11G

G: depois de 19/abril/-12
J: depois de 21/abril/-13
H: 16/Iyyar/3748
DJ: 1716785,5
APJ: 4700

Tiberius se torna consul pela primeira vez.[18]

AUC:743 de 21/abril/-11G a 20/abril/-10G

G: depois de 24/junho/-11
J: depois de 26/junho/-12
H: 03/Tammuz/3749
DJ: 1717216,5
APJ: 4701

---

[17] http://www.roman-emperors.org/auggie.htm
https://pt.wikipedia.org/wiki/Augusto
[18] http://www.roman-emperors.org/tiberius.htm

Augustus Caesar vê morrer seu genro Agripa, segundo esposo de sua filha Julia, que casa-se então com Tiberius, seu terceiro marido.[19]

AUC:748 de 21/abril/-6G a 20/abril/-5G

G: 19/abril/-6
J: 21/abril/-7
H: 22/Nisan/3754
DJ: 1718976,5
APJ: 4706

Tiberius (o futuro Tiberius Caesar) entra em seu segundo consulado.[20]

AUC:750 de 21/abril/-4G a 20/abril/-3G

G: 27/março/-3
J: 29/março/-4
H:01/Nisan/3757
DJ: 1720049,5
APJ: 4709

---

[19] http://www.roman-emperors.org/auggie.htm https://pt.wikipedia.org/wiki/Augusto
[20] http://www.roman-emperors.org/auggie.htm https://pt.wikipedia.org/wiki/Augusto

Herodes o Grande morreu em 1 dC mas seus filhos Herodes Archelaus, Herodes Antipas e Herodes Philip contaram como seu Ano 1 de reinado a partir de 4 aC do calendário Juliano que é quando começou a "co-regencia" de Antipater, um dos filhos de Herodes. Herodes não teve co-regente mas deixou seu filho Antipater comandar com ele e cuidar de muitos assuntos públicos.[21]
Moedas sempre registram situações "de jure" e não situações "de facto".[22]
Moedas cunhadas por Herodes Philip Tetrarca em 1 dC quando começou a reinar "de facto", foram datadas como Ano 5, pois em 4 aC no calendário Juliano ele constava no testamento de Herodes, o Grande, como herdeiro.

AUC:751 de 21/abril/-3G a 20/abril/-2G

G: 04/março/-2
J: 06/março/-3
H: 19/Adar/3758
DJ: 1720391,5

---

[21] Flavius Josephus- Antiquities of the Jews , livro 17, cap.1, par.1; cap.2, par.4
Flavius Josephus -Wars of the Jews , livro 1, cap.19, par.3
[22] Essays in Jewish Numismatics , por Josef Meyshan, Jerusalem, 1960

APJ: 4710

Por volta desta data Augustus Caesar publica decreto convocando a população do império.[23]

Em 06 de março do ano 3aC do calendário Julinao, Augustus Caesar recebe um juramento de fidelidade conforme Inscriptiones Latinae Selectae 8781 (Paphlagonia, 3 aC). [24]

AUC:752 de 21/abril/-2G a 20/abril/-1G
G: 21/setembro/-2
J : 23/setembro/-3
H: 14/Tishri/3759
DJ:1720593
APJ: 4710

Zacharias recebe anúncio da concepção de João Batista enquanto celebrava no Templo, no turno de serviço da classe de Abias.[25]

A escala anual dos turnos de serviço das 24 classes de sacerdotes, em ciclo de 6 anos, síncronos ao equinócio da

---

[23] Lucas 2,1

[24] https://romanvoices.wikispaces.com/Oath+of+allegiance
https://en.wikipedia.org/wiki/Inscriptiones_Latinae_Selectae

[25] Lucas 1,5; Lucas 1,8; Lucas 1,11; Lucas 1,13; Lucas 1,23.

primavera no hemisfério norte, é revelada nos manuscritos de Qumran.[26]

G: 03/fevereiro/-1
J: 05/fevereiro/-2
H: 01/Adar/3759
DJ:1720727,5
APJ: 4711
Augustus Caesar recebe o título de Pater Patriae.[27]

G: 23/março/-1
J: 25/março/-2
H: 20/Nisan/3759
DJ:1720776
APJ: 4711
Maria recebe anúncio da concepção de Jesus Cristo, seis meses desde o anúncio da concepção de João Batista.[28]

---

[26] Livro Ano Zero-Natal Um de Carlos Fernando de Castro e Décio Martins de Medeiros.
[27] http://penelope.uchicago.edu/Thayer/E/Roman/Texts/Augustus/Res_Gestae/6*.html
[28] Lucas 1,25; Lucas 1,31; Lucas 1,36

AUC:753 de 21/abril/-1G a 20/abril/0G

G: 10/maio/-1
J : 12/maio/-2
H: 09/Sivan/3759
DJ: 1720824
APJ: 4711

Augustus Caesar inaugura o Forum Augustum, e a dedicação do Forum e do Templo de Marte , ocorre em 01/agosto/-2 do calendário Juliano.[29]

G: 15/junho/-1
J: 17/junho/-2
H: 15/Tammuz/3759
DJ:1720859,5
APJ:4711

Estrela de Belém: Em 12 de Agosto de 3aC no calendário Juliano, os dois planetas mais brilhantes do Sistema Solar, Venus e Jupiter, se aproximaram um do outro, separados por 4,3 segundos de arco. Novamente, **em 17 de junho de 2 aC no calendário Juliano, Venus e Júpiter se aproximaram novamente– 0,5 segundos de arco – o que, a olho nu, parecia uma única "estrela"**. [30]

---

[29] C. Velleius Paterculus, The Roman History, Loeb Classical Library 1924. livro 2, capitulo 100, item 2.
Cassius Dio, livro LV item 10; livro LX item 5.3.
H. Jordan, Topographie der Stadt Rom in Altertum. Vol. I, Parts I, 2; Vol. II. Berlin 1871 1885, pag.444.
[30] Bidelman 1991.

G: 22/junho/-1
J: 24/junho/-2
H: 22/Tammuz/3759
DJ:1720867
APJ:4711
João Batista nasce, nove meses depois do anúncio à Zacharias.[31]

Quirinius era governador da Síria em 3 aC, 2 aC, 6 dC, 7 dC , anos do calendário Juliano.[32]
Quirino realiza seu primeiro censo.
Quintus Aemilius Secundus deixa um registro mencionando um censo de Quirino:
"Q[uintus] Aemilius Secundus f[ilho] de Q[uintus], da tribo Palatina, que serviu nos acampamentos do divino Aug[ustus] sob P. Sulpicius Quirinius, legado de Caesar na Syria, condecorado com distinções honorárias, prefeito da 1ª coorte Aug[usta], prefeito da coorte II Classica. Além

---

http://ed5015.tripod.com/BChristmasStar81.html
http://www.paulcarlisle.net/mooncalendar/
[31] Livro Ano Zero-Natal Um de Carlos Fernando de Castro e Décio Martins de Medeiros.
[32] James A. Nollet, Astronomical and Historical Evidence for Dating the Nativity in 2 BC, em Perspectives on Science and Christian Faith, Volume 64, Number 4, December 2012 , pages 211-219

disso, por ordem de Quirinius eu fiz o censo na Apamea de cidadãos machos 117 mil. Além disso, enviado em missão por Quirinius, contra os Itureans, no Monte Libano eu tomei sua cidadela. E antes do serviço militar, (eu fui) Prefeito dos trabalhadores, destacado por dois co[nsul]s no 'aerarium [O Tesouro do Estado]'. .."[33]

Maria, grávida, e José subiram à Belém, na Judea para alistarem-se, e assim atenderem ao decreto que tinha sido publicado por Augustus Caesar convocando a população do império para recensear-se/registrar-se.[34]

6000 Fariseus (Judeus) se recusam a jurar lealdade a Augustus Caesar, um ano antes de Herodes morrer.[35]

G: 25/dezembro/-1
J : 27/dezembro/-2
H: 01/Shevat/3760
DJ:1721053
APJ:4711,98

---

[33] Lucas 2,2
livro Inscriptiones latinae selectae de Hermann Dessau, publicado em 1892, no item 2683 https://archive.org/details/inscriptioneslat01dessuoft
[34] Lucas 2,1-11
[35] Flavius Josephus, Antiquities of the Jews, Livro 17, Capitulo 2, Seção 4

Cristo nasce, nove meses depois do anúncio à Maria.[36]

G: 01/janeiro/0
J : 03/janeiro/-1
H:08/Shevat/3760
DJ:1721060
APJ:4712

Cristo recebe o nome de Jesus durante a cerimônia religiosa judaica de circuncisão no oitavo dia do nascimento.

Inicio da contagem do ano zero do calendário Gregoriano.[37]

G: 02/fevereiro/0
J : 04/fevereiro/-1
H:10/Adar I/3760
DJ: 1721091,5
APJ:4712

---

[36] Livro Ano Zero-Natal Um, de Carlos Fernando Castro e Décio Martins de Medeiros
[37] Levítico 12,3
Lucas 2,21
http://www.cs.tau.ac.il/~nachum/calendar-book/third-edition/

Jesus foi levado a Jerusalém, depois de se completarem os (40) dias de purificação de Maria.[38]

G: 23/março/0
J: 25/março/-1
H:01/Nisan/3760
DJ: 1721141,5
APJ: 4712

Herodes termina seu 36º ano de reinado e começa seu 37º ano de reinado.

AUC: 754 de 21/abril/0G a 20/abril/1G

G: 21/abril/0
J: 23/abril/-1
H: 30/Nisan/3760
DJ: 1721170,5
APJ: 4712

Roma completa 753 anos desde sua fundação em 21/abril/-753 (no calendário Gregoriano) . Inicio do ano 754 AUC , desde 21/abril/0 gregoriano até 20/abril/1 gregoriano.

---

[38] Lucas 2,22

G: 25/dezembro/0
J : 27/dezembro/-1
H:11/Tevet/3761
DJ:1721418,5
APJ:4712 (quase 4713)

Jesus Cristo completa 1 ano de idade. Ano Zero-Natal Um.[39]

Por esta época, Herodes destituiu Mathias do alto sacerdócio. O Mathias que era alto sacerdote, tinha tido um sonho na noite anterior ao dia em que os judeus tinham uma festa.

Herodes matou um outro Mathias e seus companheiros e naquela mesma noite houve uma eclipse da lua.[40]

G: 29/dezembro/0
J : 31/dezembro/-1
H:15/Tevet/3761
DJ:1721422,5
APJ: 4712 (quase 4713)

Lua Cheia tem eclipse visível em Jerusalém às 17:02 horas com 53% da totalidade.[41]

---

[39] Livro Ano Zero-Natal Um, de Carlos Fernando Castro e Décio Martins de Medeiros

[40] Flavius Josephus-Antiquities of the Jews. Livro 17, capitulo 6, paragrafo 4. http://sacred-texts.com/jud/josephus/ant-17.htm

G: 30/dezembro/0
J : 01/janeiro/1
H: 16/Tevet/3761
DJ: 1721423,5
APJ: 4713

Caius/Gaius Julius Caesar se tornou um dos dois consuls do imperio Romano, começando seu termo em 1 de janeiro do ano 1 do calendário Juliano.
Flavius Josephus afirma que Caius/Gaius Caesar estava em Roma após a morte de Herodes.[42]

G: 01/janeiro/1
J : 03/janeiro/1
H:18/Tevet/3761
DJ:1721426
APJ:4713

Inicio do ano 1 do calendário Gregoriano. Calendário Gregoriano tem ano zero mas calendário Juliano não tem ano zero.[43]

---

[41] https://eclipse.gsfc.nasa.gov/LEcat5/LE-0099-0000.html#1
James A. Nollet, Astronomical and Historical Evidence for Dating the Nativity in 2 BC, em Perspectives on Science and Christian Faith, Volume 64, Number 4, December 2012 , pages 211-219
http://www.paulcarlisle.net/mooncalendar/
Theodor vol Oppolzer, Canon of Eclipses, suplementado por Jean Meeus, Catalogue of Lunar Eclipses.
[42] https://en.wikipedia.org/wiki/List_of_Roman_consuls#1st_century_BC
Flavius Josephus- Antiquities of the Jews. Livro 17, capitulo 9, paragrafo 5.
http://sacred-texts.com/jud/josephus/ant-17.htm
[43] http://www.cs.tau.ac.il/~nachum/calendar-book/third-edition/

Varus era governador da Síria em 5 aC, 4 aC, 1 aC, 1 dC , anos do calendário Juliano.[44]

G: 30/dezembro/0 a 26/março/1
J : 01/janeiro/1 a 29/março/1
H:15/Tevet/3761 a 15/Nisan/3761
DJ:1721424 a 1721511
APJ:4713
Herodes, o Grande, tem seus últimos dias de vida.[45]
A doença de Herodes piorou e vermes se reproduziram em seu corpo. [46]

Ele foi levado para banhos quentes a 15 km de distância para tratamento e retornou. [47]

Herodes planejou seu funeral. [48]

Herodes convocou homens-chave de todas as aldeias – até 130 km de distância – e eles chegaram. [49]

---

[44] James A. Nollet, Astronomical and Historical Evidence for Dating the Nativity in 2 BC, em Perspectives on Science and Christian Faith, Volume 64, Number 4, December 2012 , pages 211-219
[45] Pratt 1990; Chester 1993
[46] Flavius Josephus- Wars of the Jews I 33:1,5
[47] Flavius Josephus- Wars of the Jews I 33:5-6; Flavius Josephus- Antiquities of the Jews XVII 6:5
[48] Flavius Josephus- Wars of the Jews I 33:6

O filho de Herodes, Antípatro, foi executado e Herodes morreu cinco dias depois. [50]

O corpo foi carregado cerimoniosamente 35 km de Jericó a Herodium por soldados caminhando uma milha diariamente e enterrado. [51]

Sete dias de luto se seguiram e depois uma festa. [52]

Um outro luto público foi realizado pelos patriotas. executado antes do eclipse. [53]

O filho de Herodes, Arquelau, foi coroado e emitiu alguns decretos antes da Páscoa. [54]

A Páscoa ocorreu. [55]

G: 14/janeiro/1
J: 16/janeiro/1
H: 02/Shevat/3761
DJ: 1721439
APJ: 4713

---

[49] Flavius Josephus- Antiquities of the Jews XVII 6:5
[50] Flavius Josephus- Wars of the Jews I 33:7-8; Flavius Josephus- Antiquities of the Jews XVII 7;8:1
[51] Flavius Josephus- Antiquities of the Jews XVII 8:3
[52] Flavius Josephus- Wars of the Jews II 1:1; Flavius Josephus- Antiquities of the Jews XVII 8:4
[53] Flavius Josephus- Wars of the Jews II 1:2
[54] Flavius Josephus- Wars of the Jews I 33:8
[55] Flavius Josephus- Wars of the Jews II 1:3; Flavius Josephus- Antiquities of the Jews XVII 9:3

Feriado Judeu no segundo dia de Shevat relembra a morte de Herodes.[56]

G: 13/03/1
J:15/março/1
H:01/Nisan/3761
DJ: 1721496,5
APJ: 4713

Herodes terminaria seu 37° ano de reinado. Este 37° ano de reinado considerado a partir da correlação que Josephus fez do 7° ano de reinado de Herodes com o ano da batalha de Actium.[57]

G: 26/março/1
J :29/março/1
H:15/Nisan/3761
DJ:1721511
APJ:4713

Judeus celebram a Festa da Páscoa que se inicia a 15/Nisan de cada ano.

---

[56] http://www.setterfield.org/star_technical.html

[57] Flavius Josephus- War of the Jews,Book 1, Chapter19, item 3 http://sacred-texts.com/jud/josephus/war-1.htm

AUC:755 de 21/abril/1G a 20/abril/2G

G: 29/junho/ 1
J:01/julho/1
H: 30/Tammuz/3761
DJ: 1721604,5
APJ: 4713

Cônsules de Roma: C. Caesar Aug.f. [Divi n.] , [L.Aemilius Paulli f. L.n.] Paullus . A partir de 1º Julho: M. Herennius M.f. M'.n. Picens[58]

AUC:756 de 21/abril/2G a 20/abril/3G

G: 29/junho/2
J: 01/julho/2
H:02/Tammuz/3762
DJ: 1721969,5
APJ: 4714

Cônsules de Roma: P. Vinicius M.f. P.n. , P.Alfenus P.f. P.n. Varus . A partir de 1º Julho: P. Cornelius Cn.f.

---

[58] https://pt.wikipedia.org/wiki/Fastos_Capitolinos
http://www.attalus.org/translate/fasti3.html

Cn.n. Scipio , T. Quinctius T.f. T.n. [Crispinus] Valerianus[59]

AUC:758 de 21/abril/4G a 20/abril/5G

G: 24/junho/4
J : 26/junho/4
H: 19/Tammuz/3764
DJ: 1722695,5
APJ: 4716

Augustus Caesar adota como filho seu genro Tiberius (o futuro Tiberius Caesar). Tiberius recebe alguns poderes.[60]

AUC:767 de 21/abril/13G a 20/abril/14G

Tiberius vê seus poderes proconsulares serem feitos co-extensivos com os de Augustus Caesar.[61]

---

59 https://pt.wikipedia.org/wiki/Fastos_Capitolinos
http://www.attalus.org/translate/fasti3.html
60 http://www.roman-emperors.org/auggie.htm
https://pt.wikipedia.org/wiki/Augusto
61 http://www.roman-emperors.org/tiberius.htm

AUC:768 de 21/abril/14G a 20/abril/15G

G: 17/agosto/14
J: 19/agosto/14
H: 05/Elul/3774
DJ: 1726401,5
APJ: 4726

Augustus Caesar morre em seu 57º ano de reinado.[62]

G: 16/setembro/14
J: 18/setembro/14
H:06/Tishri/3775
DJ: 1726431,5
APJ: 4726

Tiberius é confirmado pelo Senado como imperador.[63]

G: 30/dezembro/14
J: 01/janeiro/15
H: 22/Teveth/3775
DJ: 1726536,5
APJ: 4726 (quase 4727)

Tiberius Caesar tem seu 1º ano de reinado.[64]

---

[62] http://www.roman-emperors.org/auggie.htm
https://pt.wikipedia.org/wiki/Augusto
[63] http://www.roman-emperors.org/tiberius.htm
[64] http://www.dec25th.info

AUC:782 de 21/abril/28G a 20/abril/29G

G: 30/dezembro/28
J:01/janeiro/29
H: 27/Teveth/3789
DJ: 1731650,5
APJ: 4741

Tiberius Caesar tem seu 15º ano de reinado.[65]

G: 14/abril/29
J: 16/abril/29
H:14/Nisan/3789
DJ:1731755,5
APJ: 4741

Judeus tem em 14/Nisan a véspera da Festa de Pessach, a Páscoa dos judeus.

AUC:783 de 21/abril/29G a 20/abril/30G

G: 06/novembro/29
J: 08/novembro/29
H: 13/Heshvan/3790
DJ: 1731961,5
APJ: 4741

---

[65] http://www.dec25th.info

Jesus Cristo , com quase 30 anos de idade, é batizado por João Batista, no 15° ano de Tiberius Caesar.[66]

G: 03/abril/30
J : 05/abril/30
H:14/Nisan/3790
DJ: 1732109,5
APJ: 4742
Judeus tem em 14/Nisan a véspera da Festa de Pessach, a Páscoa dos judeus.

AUC:784 de 21/abril/30G a 20/abril/31G
G: 24/março/31
J: 26/março/31
H:14/Nisan/3791
DJ: 1732464,5
APJ: 4743
Judeus tem em 14/Nisan a véspera da Festa de Pessach, a Páscoa dos judeus.

AUC:785 de 21/abril/31G a 20/abril/32G
G: 12/abril/32
J: 14/abril/32

---

66 http://www.dec25th.info

H:14/Nisan/3792
DJ: 1732849,5
APJ: 4744

Judeus tem em 14/Nisan a véspera da Festa de Pessach, a Páscoa dos judeus.

AUC:786 de 21/abril/32G a 20/abril/33G

G: 01/abril/33
J : 03/abril/33
H:14/Nisan/3793
DJ:1733203,5
APJ: 4745

Jesus Cristo é crucificado, com 33 anos e 3 meses, na sexta-feira, véspera da Páscoa dos judeus.[67]

Na sexta-feira da crucificação de Cristo houve uma escuridão, registrada pelos Evangelhos. [68]
Neste dia a lua era cheia. [69]

---

[67] http://www.dec25th.info
[68] Mateus 27,45; Marcos 15,33; Lucas 23,44-45
[69] http://astropixels.com/ephemeris/phasescat/phases0001.html
http://www.paulcarlisle.net/mooncalendar/

O catálogo de eclipses lunares aponte que houve uma eclipse lunar no Dia Juliano 1733204.116514. Este dia corresponde ao dia 3 de abril de 33 no calendário Juliano. [70] Segundo o Evangelho de Mateus[71] houve um terremoto quando Jesus Cristo morreu, por volta das três horas da tarde deste dia.

O NOAA-National Oceanic and Atmospheric Administration- National Centers for Environmental Information apresenta as referências ao terremoto do ano 33 na região de Jerusalém, latitude 31.800 longitude 35.200. [72]

G: 03/abril/33
J : 05/abril/33
H:16/Nisan/3793
DJ: 1733205,5
APJ: 4745

Jesus Cristo tem sua ressurreição no domingo, 03 de abril do ano 33, no calendário Gregoriano.[73]

---

[70] http://www.eclipsewise.com/lunar/LEcatalog/LE0001-0100.html
http://www.eclipsewise.com/lunar/LEprime/0001-0100/LE0033Apr03Pprime.html
[71] Mt 27,45-51
[72] http://www.ngdc.noaa.gov/nndc/struts/form?t=101650&s=1&d=1
[73] Livro A data da Ressurreição, de Décio Martins de Medeiros

AUC:789 de 21/abril/35G a 20/abril/36G

G: 30/dezembro/35
J: 01/janeiro/36
H: 13/Teveth/3796
DJ: 1734206,5
APJ: 4748

Tiberius Caesar tem seu 22º ano de reinado.

G: 28/março/36
J: 30/março/36
H:14/Nisan/3796
DJ: 1734295,5
APJ: 4748

Judeus tem em 14/Nisan a véspera da Festa de Pessach, a Páscoa dos judeus.

Philip, o irmão de Herodes Antipas, morreu, depois da Páscoa do ano 36, ano em que Poncio Pilatos foi deposto por Vitellius. Era o ano 22 (e não 20) do reinado de Tiberius Caesar. Herodes Philip morreu após ele ter sido tetrarca de Trachonitis , Gaulanitis, e Bataneans, por 35 anos (e não 37).[74]

---

[74] http://sacred-texts.com/jud/josephus/ant-18.htm
https://en.wikipedia.org/wiki/Lucius_Vitellius_the_Elder

No capitulo 4 do livro 18 da coleção Antiguidades dos Judeus, de Flavio Josefo, o autor , no item 6 narra a morte de Herodes Philip: "Foi nesta época que Philip, o irmão de Herodes Antipas, morreu, no ano 20 ou 22 (dependendo de qual transcrição do manuscrito se consulte) do reinado de Tiberius , após ele ter sido tetrarca de Trachonitis , Gaulanitis, e Bataneans, por 32 ou 35 ou 37 anos (dependendo de qual transcrição do manuscrito se consulte) .A época mencionada podemos obter a partir dos eventos que precederam a morte de Herodes Philip, e que foram descritos nos itens 1 a 5 do referido capitulo.

No item 2 o autor escreve: "...Vitellius, um homem que tinha sido consul, e que agora era presidente da Siria..." Pela história se sabe que Lucius Vitellius, o velho, foi consul no ano 34 junto com Paullus Fabius Persicus. No ano 35 os consuls eram Gaius Cestius Gallus e Marcus Servilius Nonianus.

Josephus Reexamined: Unraveling the Twenty-Second Year of Tiberius, por David W. Beyer, às paginas 85 a 96 do livro Chronos, Kaiors, Christos II , organizado por Ray Summers e E.Jerry Vardaman , publicado por Mercer University Press , 1998/1999.
https://books.google.com.br/books?id=mWnYvI5RdLMC

Pela história se sabe que Lucius Vitellius, o velho, foi governador da Siria no ano 36.

No item 3 o autor escreve : ".. Vitellius foi para a Judeia, e subiu a Jerusalem, na época da Páscoa ..." , ou seja por volta de 14/Nisan.

Pela história se sabe que Lucius Vitellius, o velho, depôs Poncio Pilatos no ano 36 após as reclamações dos samaritanos.

Ou seja, Herodes Philip morreu no ano em que Poncio Pilatos foi deposto, e numa época depois da Páscoa, isto é, depois de 14/Nisan do ano 36, ou seja, depois de 30 de março de 36, durante o 22º ano de Tiberio que viria a falecer em 16/03/37.

E se Herodes Philip e seus irmãos começaram a reinar realmente após a morte de Herodes , o Grande, no inicio da ano 1, então o Herodes Philip reinou realmente por 35 anos.

Nota: Gostaria de ter uma imagem da especifica transcrição do manuscrito de Flavio Josefo, do capitulo 4 do livro 18 da coleção Antiguidades dos Judeus, onde conste que Philip, o irmão de Herodes Antipas, morreu, no ano 22 do reinado de Tiberius , após ele ter sido tetrarca de Trachonitis , Gaulanitis, e Bataneans, por 35 anos. Estudiosos desde antes do século 16 encontraram diferentes copias do manuscrito onde aparece 20 ou 22 anos do reinado de Tiberius, e 32, 35 ou 37 anos de reinado de Philip.

Sabemos que David W. Beyer, em seu texto Josephus Reexamined: Unraveling the Twenty-Second Year of Tiberius, por David W. Beyer, às paginas 85 a 96 do livro Chronos, Kairos, Christos II , organizado por Ray Summers e E.Jerry Vardaman , publicado por Mercer University Press , 1998/1999 , menciona à pag 91 as edições impressas,do livro Antiguidades dos Judeus, em que constam os 22 anos de reinado de Tiberius e os 35 anos de reinado de Philip, arquivadas na British Library:

C 13 d9 , de 1470
(G) 8333, de 1470?

IB 20662, de 1481 em Venice
IB 23112, de 1486 em Venice
IB 23201, de 1499 em Venice
C 55 hL, de 1510 em Venice
L 22 b5, de 1514, 13

Ele menciona na pagina 93 as edições impressas, do livro Antiguidades dos Judeus, em que constam os 22 anos de reinado de Tiberius e os 35 anos de reinado de Philip, arquivadas na Library of Congress:

Hain 9451 , de 1470 em Augsburg
Hain 9454 , de 1480? 1486?
Incunabula , de 1481 em Venice
Hain 9453 , de 1481 em Venice

AUC:790 de 21/abril/36G a 20/abril/37G

G:14/março/37
J: 16/março/37
H: 10/Nisan/3797
DJ:1734646,5

APJ: 4749

Tiberius Caesar morre.[75]

AUC:824 de 21/abril/70G a 20/abril/71G

G: 03/agosto/70

J : 05/agosto/70

H:10/Av/3830

DJ:1746842

APJ:4782

Templo de Jerusalém é destruído pela segunda vez. Estavam de serviço no Templo os sacerdotes da classe de Joiarib.

Consultando a Escala anual dos turnos de serviço das 24 classes de sacerdotes, em ciclo de 6 anos, síncronos ao equinócio da primavera no hemisfério norte, conforme manuscritos de Qumran, vemos que a classe de Joiarib está em serviço no Templo na semana 20 do 3º ano do ciclo de 6 anos da escala de turnos de serviço.

Se o ano 70 foi um 3º ano do ciclo de 6 anos, então, percorrendo os ciclos contínuos de 6 anos, vemos que o

---

[75] http://www.roman-emperors.org/tiberius.htm

ano 3 a.e.c. do calendário Juliano também foi um 3º ano do ciclo de 6 anos. Vemos que na semana 27 do 3º ano do ciclo de 6 anos, estava de serviço a classe de Abias. Sincronizando a escala de serviço do 3º ano do ciclo de 6 anos, a partir do Equinocio da Primavera do Hemisferio Norte, vemos que , no calendário Juliano do ano 3 a.e.c, esta semana vai de 19 a 25 de setembro, portanto, inclui o dia 23 de setembro conforme considera a tradição sobre o anuncio à Zacarias no templo.

Sobre o autor

Décio Martins de Medeiros: Engenheiro de Eletrônica, ex-Executivo da HP/Agilent. Ex-consultor de gestão empresarial. Autor de livros de enxadrismo, causos, poesias, teologia, gestão, genealogia e memórias.

Conheça as capas e sinopses dos livros do autor em

https://sites.google.com/view/autordeciomartinsdemedeiros/

www.ingramcontent.com/pod-product-compliance
Lightning Source LLC
LaVergne TN
LVHW010459160826
845677LV00012B/2563

* 9 7 9 8 2 2 7 1 0 3 8 4 0 *